GUÉRIR DE L'ANXIÉTÉ

par

Laurent Lacherez

Thérapeute en PNL (Programmation Neuro-Linguistique) et auteur des deux best-sellers : *L'anxiété, comment s'en sortir* et *L'Art de lâcher prise*, publiés aux éditions Le Dauphin Blanc.

Table des Matières

Avant propos...5

Première partie : le cercle vicieux de l'anxiété.............6

Vous avez dit anxieux, moi ?...............................7

Santé mentale : Les idées que je me fais.................10

Les conflits intérieurs 13

Mieux gérer son stress et les périodes difficiles 17

Métaphore du voyage d'un homme anxieux 22

L'anxiété au galop vers l'enfant curieux 26

Deuxième partie : Renverser la vapeur de l'anxiété....30

Écouter ses angoisses ou ses intuitions ?...................31

Apprivoisez vos peurs 35

Des pensées négatives aux pensées positives..........38

Du pessimisme à l'optimisme 42

La vie : une aventure à vivre avec une âme d'enfant.
46

Troisième partie : de la paralysie à l'action...................50

La peur de l'engagement : comment se motiver à
passer à l'action ?...51

Quitter sa zone de confort.....................................54

La motivation au changement 57

Canaliser ses désirs pour mieux réussir...................60

La visualisation créatrice 63

Atteindre ses objectifs...67

Agir avec congruence pour mieux s'épanouir.........72

OUTILS SUPPLÉMENTAIRES 76

AVANT PROPOS

Voici un recueil de plusieurs chroniques rédigées au fil des années.

Vous trouverez au travers des pages qui vont suivre différentes thématiques liées aux troubles anxieux et à la recherche de solutions.

Ces chroniques sont regroupées par thème de manière à former un tout cohérent ouvrant des portes sur de nouvelles attitudes possibles à expérimenter pour toute personne aux prises avec des problèmes d'anxiété qui désire reprendre en main sa vie et retrouver un équilibre de vie.

En vous souhaitant une agréable lecture,

Laurent Lacherez

Première partie :
Le cercle vicieux de l'anxiété

VOUS AVEZ DIT ANXIEUX, MOI ?

L'anxiété se manifeste sous différentes formes, dépendamment des personnes et de la manière dont elles le vivent.

Selon le manuel de diagnostic des troubles mentaux (DSM-IV), les symptômes liés à l'anxiété sont des inquiétudes récurrentes, souvent irrationnelles et sous formes de pensées négatives, une difficulté à se concentrer et vivre le moment présent, une agitation et excitation difficile à contrôler, des maux de tête, douleurs à la poitrine, à l'estomac ou à la gorge, des sueurs ou des bouffées de chaleur, la respiration qui se coupe, une difficulté à dormir, un état de fatigue plus présent, etc.

J'arrête ici cette liste non exhaustive car certains d'entre vous sentent peut-être déjà leurs peurs revenir... Et pourtant, si c'était là une piste de solution ?

Certaines personnes souffrant d'anxiété ont tendance à rejeter et fuir cet état désagréable en exerçant dessus un contrôle de plus en plus grand et du même coup, épuisant, pour mieux tenir à distance cette étrangère qui cherche tant à leur nuire.

Pourtant, chaque émotion, agréable ou déplaisante, a une raison d'être, mais laquelle ?

Je me souviendrai toujours d'une cliente qui définit la manière dont elle vivait son anxiété comme la peur d'avoir peur et elle faisait tout en son pouvoir pour maintenir loin d'elle ses propres angoisses.

Quel paradoxe ! De vouloir contrôler ce qui ne peut l'être. Pas étonnant d'être si fatigué à la fin de la journée (si ce n'est pas déjà le matin en se levant), lorsqu'on lutte continuellement contre soi-même car vos peurs représentent très souvent une partie de vous qui se manifeste contre votre volonté, de manière irrationnelle. Elle tente de vous faire comprendre quelque chose...

Et si vous commenciez à faire connaissance avec cette inconnue, qui vit à l'intérieur de votre corps ? Peut-être qu'en lui parlant et en l'écoutant, apprendrez-vous quelles sont ses intentions ?

À moins que vous ne découvriez des désirs et des rêves non assouvis, depuis peut-être des années déjà ?

C'est en prenant conscience des objectifs et messages que vos peurs tentent de vous dévoiler que vous serez mieux à même de les utiliser pour changer vos comportements et réaliser la vie que vous souhaitez !

En revanche, si vous avez tout ce dont vous avez besoin dans votre vie - ce qui peut être différent de ce que vous désirez - il se peut fort bien que votre anxiété trouve une réponse ailleurs... dans le passé.

De deux choses l'une :

Soit vous avez vécu durant votre enfance et adolescence une série d'évènements qui, de par leurs similitudes émotionnelles, finissent par remplir le vase d'eau jusqu'au jour où celui-ci déborde, votre seuil de tolérance ayant atteint sa limite. Le flot de vos angoisses se déverse alors hors de tout contrôle et sans raison apparente.

Soit, comme la psycho-généalogie le révèle, vous avez hérité des peurs de vos parents ou grands-parents qui se sont imprégnées en vous.

Dans les deux cas, si vous souhaitez régler vos troubles anxieux, je peux vous aider rapidement à déprogrammer cette empreinte et à transformer vos angoisses en forces. Entre vivre dans la peur ou librement, que choisissez-vous ?

Santé mentale :

Les idées que je me fais

L'esprit est un véritable moulin à paroles. Il fonctionne pour ainsi dire en continu et n'a de cesse de penser, créer des idées qui défilent dans notre tête. Nous pensons à toutes sortes de choses alors que nous buvons du café le matin, nous nous brossons les dents, mangeons, conduisons, etc. Toutes ces activités du quotidien, devenues banales, automatiques, ne nécessitent plus vraiment notre attention et offrent alors une belle occasion à l'esprit de vagabonder.

Si vous avez déjà essayé d'espionner ce dernier, vous avez sûrement remarqué comme il a une imagination fertile, débordante et parfois tellement convaincante qu'il peut nous faire prendre des vessies pour des lanternes ! Du coup, un scénario complètement inventé, en s'appuyant sur certaines peurs et certains éléments de nos souvenirs, peut finir par nous faire croire que quelque chose va se produire, quelque chose de mauvais, de désagréable. Croire cela sans effectuer une analyse à la loupe est prématuré, dans la mesure où l'esprit vous joue un tour, en vous faisant croire que votre futur sera la reproduction de votre passé. Prendre conscience de cela permet de réaliser à quel point cette fausse logique implique que vous croyez sûrement être une victime, que vous subissez votre condition et qu'il va effectivement se produire dans votre vie quelque chose de grave. Certaines personnes réagissent effectivement ainsi et croient les idées qu'elles se fabriquent dans leur tête de sorte qu'elles deviennent réalité. D'autres, en revanche, confrontent ces scénarios pour mieux y faire face et choisissent de penser ce qui est le plus utile.

Une crise d'angoisse, tout comme une crise économique ou une crise dans le couple, invite à reconsidérer son attitude pour développer de nouveaux comportements, mieux adaptés à la situation vécue dans l'instant présent. Il n'est donc pas question de croire que le futur est la reproduction de certains évènements passés et de laisser votre esprit divaguer dans de telles élucubrations. Il est temps de se réveiller, de se brancher sur ce qui est en train de se produire là, ici ; en ramenant votre esprit dans le présent par l'observation de ce qui passe et par l'utilisation de votre rationnel afin de valider les idées formulées. Avoir conscience de son attitude dans un moment délicat offre la riche possibilité d'évaluer la pertinence de ses pensées, de ses émotions et de ses réactions tout en dégageant ceux-ci d'éventuels liens à des blessures passées. Réagir en conscience plutôt que selon son conditionnement passé demande de reconsidérer ce en quoi vous croyez et l'utilité qui en découle. Vous pourrez ainsi faire d'une crise une opportunité d'accéder à une meilleure santé mentale.

Rappelons que l'Organisation Mondiale de la Santé Mentale définit ce terme de la manière suivante :

« Une personne en bonne santé mentale est une personne capable de s'adapter aux diverses situations de la vie, faites de frustrations et de joies, de moments difficiles à traverser ou de problèmes à résoudre. Une personne en bonne santé mentale est donc quelqu'un qui se sent suffisamment en confiance pour s'adapter à une situation à laquelle elle ne peut rien changer ou pour travailler à la modifier si c'est possible. Cette personne vit son quotidien libre des peurs ou des blessures anciennes qui pourraient contaminer son présent et perturber sa vision du monde. De plus, quelqu'un en bonne santé mentale est capable d'éprouver du plaisir dans ses relations avec les autres. Bref, posséder une bonne santé mentale, c'est parvenir à établir un équilibre entre tous les aspects de sa vie : physique, psychologique, spirituel, social et économique. Ce n'est pas quelque chose de statique, c'est plutôt quelque chose qui fluctue sur un continuum, comme la santé physique ».

Selon cette définition, la santé mentale n'est donc pas simplement quelque chose d'acquis, un cadeau à la naissance de Dame Nature, mais plutôt un état d'esprit et une philosophie de vie offrant la possibilité d'appréhender son existence dans ses nombreuses dimensions, en conscience et avec la conviction que vous avez un certain pouvoir d'action sur votre santé mentale.

Les conflits intérieurs

Partagé par une multitude de désirs, de responsabilités, d'engagements, il est parfois de plus en plus difficile de demeurer à l'écoute de ses vérités profondes, et d'entendre ce que nous susurre dans le creux de l'oreille notre petite voix intérieure.

Que ce soit une personne qui, en contradiction avec son éducation, se voit refouler sa tendance homosexuelle, un employé qui lutte contre lui-même pour se rendre quotidiennement à son emploi qu'il déteste mais aux avantages précieux, une jeune femme en proie à la peur de sauter dans l'inconnu et de partir à l'étranger parfaire son anglais, un homme souhaitant changer de sexe pour mieux vivre sa conviction d'être femme, toutes ces personnes vivent un déchirement intérieur, une tension conduisant à une lutte avec soi-même génératrice d'anxiété et de mal-être. Comment se réconcilier avec soi-même ?

Il convient certainement de distinguer au moins deux types de conflits. Il y a ceux qui agissent sur nous comme une sorte de tension exercée entre deux polarités, dont l'une est dommageable à long terme sur notre qualité de vie et celle d'autrui. Cette forme de disharmonie, loin d'être paralysante, est une invitation à se dépasser pour s'améliorer. En d'autres termes, elle suggère de modifier un comportement, d'évoluer sur une tendance, un trait de caractère qui nous nuit. C'est dans l'inconfort de la sensation d'une dualité en soi que l'on peut réellement prendre conscience de son pouvoir à atténuer des parties de nous qui nous déplaisent et qui sont identifiées comme des éléments nuisibles à son bonheur. En général, cela se manifeste par l'impression que l'on peut mieux faire, qu'on est capable de plus, que ce n'est pas véritablement nous et que nous pouvons être une personne d'une plus grande beauté intérieure. Il arrive souvent d'ailleurs que le début d'une relation amoureuse insuffle cet élan naturellement et avec force, en puisant dans le sentiment d'amour naissant le carburant pour opérer en soi des transformations. Celles-ci nous permettant d'accéder à une autre étape vers l'expression de ce qu'il y a de meilleur en nous. On se dépasse alors et, chose surprenante, c'est avec une rapidité et une aisance déconcertante que ce changement s'opère parfois en nous. Ce qui prouve bien que nous en sommes capables, même si nous en doutons ou l'ignorons, il n'en demeure pas moins que l'être humain à le pouvoir de réaliser de grandes choses, du moment qu'il sait utiliser cette forme de tension comme point d'appui.

En revanche, le défi diffère lorsqu'un déchirement intérieur s'exprime entre des parties de nous qui veulent absolument conserver leurs avantages respectifs. Ce mélange d'élan vers l'avant et d'immobilisme peut exercer une force d'attraction aussi puissante qu'un vortex.

Dans ce cas, reconnaître l'opposition qui nous fige dans le mal-être et l'observer avec le plus de recul possible demeure un bon premier pas pour se réapproprier un retour au port sans naufrage ! En conservant présent à l'esprit qu'aussi inconfortable que soit cette forme de dualité, elle nous ouvre la voix vers un aspect de nous-mêmes qui nous demeure encore voilé et que nous avons besoin d'exprimer pour mieux vivre notre vie. Aussi, loin d'être des ennemis intérieurs, il s'agit d'aborder ce phénomène comme une tentative de se libérer d'une forme d'aliénation que l'on s'inflige soi-même sous prétexte de respecter et de conserver des concepts, des croyances qui nous appartiennent rarement. Refuser cela revient tout simplement à résister de s'ouvrir à soi, à sa réalité intérieure et par suite, au reste du monde. Aussi, tendre vers une libération des conflits qui nous habitent implique d'aborder avec une certaine neutralité les aspects de soi qui s'opposent et parvenir, par un dialogue, à instaurer une relation plus harmonieuse. Il est d'ailleurs très révélateur pour la personne vivant un conflit avec elle-même de découvrir au travers d'un voyage intérieur que les motivations sous-jacentes à la résistance qu'elle vit sont bénéfiques, au-delà de l'inconfort créé par le conflit. Alors, à quoi bon se rendre malade en luttant contre soi-même, et les autres, au point d'en devenir aveugle ou pire, de mettre fin à ses jours ? Tout le monde n'en sera que plus malheureux !

Dans cette perspective, une émotion que l'on a tendance à qualifier de « négative » de par sa nature désagréable recèle souvent une vérité non exprimée de nous-même. Ainsi, la colère peut être l'expression d'une tristesse, elle-même le reflet d'un désir de liberté d'apparence dangereuse pour ce que l'on a construit dans la vie, mais qui visiblement ne nous convient pas ou plus. Parfois, par orgueil, certains préfèrent continuer sur la même route et se convaincre qu'ils ont raison. Le prix a payé est souvent trop élevé. En bloquant l'expression de ses vérités intérieures, les circonstances peuvent plus difficilement s'agencer de manière harmonieuse du fait que les conflits gouvernent aussi bien les comportements que les pensées. Un travail sur soi s'impose alors afin de se réapproprier sa vie et amorcer une paix intérieure salutaire.

MIEUX GÉRER SON STRESS
ET LES PÉRIODES DIFFICILES

Parfois, il y a des moments dans la vie où presque plus rien ne va (comme on le souhaite en tout cas). Des projets stagnent, des démarches n'aboutissent pas ou peu, les retards et les contrariétés sont nombreux, les relations insatisfaisantes, en déclin ou quasi inexistantes.

Ce type de période ou de crise existentielle, constitue une étape de vie souvent fort inconfortable qui génère de grandes remises en question. La réalité telle qu'on la percevait alors semble se désagréger et il devient plus flou de faire la part des choses entre ce qui a vraiment une importance et ce qui en a moins. L'esprit s'embrouille, entre dans un état de confusion, de doutes, d'inquiétudes et de peurs en tout genre. Souvent d'ailleurs, les domaines qui nous effraient le plus sont ceux qui ont une réelle importance dans notre vie.

Et ce sont justement ces aspects de nos vies qui nécessitent une nouvelle perception, un regard plus souple, novateur et élargi. Malgré le sentiment d'être désorienté dans tout ce chaos, il n'en demeure pas moins qu'un changement très valable prend forme et se matérialise progressivement. Effectuer ce constat peut procurer des avantages utiles à mieux vivre cette tempête dans sa vie. Il convient notamment de se rappeler dans les grands moments de doute que les choses sont souvent moins mauvaises qu'elles en ont l'air, qu'il n'est pas toujours nécessaire (même si vous le souhaitez) de savoir dans l'immédiat où tout cela va vous conduire, mais plutôt de porter votre attention et vos énergies, sur le processus de changement qui est à l'œuvre dans votre vie. En fait, il s'agit surtout d'une occasion particulière et unique, d'élargir votre regard sur la vie et sur vous-même, de remettre à jour ses convictions, ses valeurs et ses croyances afin d'accéder à un univers différent de celui que vous avez connu auparavant. En d'autres termes, le défi consiste à faire le deuil d'une phase de sa vie qui s'achève pour s'ouvrir à une autre dont les détails vous échappent, mais qui garantira de nouvelles possibilités pour peu que vous acceptiez de les voir et de prendre le temps de les observer. Comment s'y prendre pour parvenir à faire glisser son regard vers la sortie du cul-de-sac dans lequel on se trouve ?

En tout premier lieu, il est primordial de ne pas se laisser tomber et de s'empêcher de s'enliser dans ses peurs ou un pessimisme paralysant qui vous empêcheront justement de vous ouvrir aux possibilités qui s'offrent à vous. Il va de soi qu'être confronté à l'inconnu peut susciter des peurs et des angoisses, mais ce n'est pas une raison pour y céder. Se rappeler que quels que soient les évènements, il est possible de demeurer maître de ses pensées, en faisant l'effort d'agir sur celles-ci, permettra de reconsidérer, avec une plus grande sérénité que, si ce à quoi nous avons cru n'a plus de sens ni d'utilité dans notre présent, c'est pour nous une réelle opportunité d'accéder à une vérité plus grande que celle que nous avions découverte précédemment. Faire le choix de se complaire dans la peur revient en fait à perdre cette occasion de grandir et d'évoluer. Ce qui est tout aussi inconfortable, si ce n'est plus !

Manifestez votre souplesse d'esprit, votre capacité d'adaptation en utilisant votre stress. Dans le fond, vos angoisses vous aiguillent sur ce que vous désirez vivre par rapport à ce que vous vivez, et qui ne vous convient plus. Aussi, au lieu de continuer à laisser libre cours à votre esprit pour alimenter toutes sortes de pensées engendrant des états émotionnels désagréables, agissez sur ces dernières, en redirigeant votre regard sur ce que vous désirez vraiment vivre, même si c'est ce n'est pas encore très clair pour vous. Donc, il s'agit de cesser de réagir à ce qui se produit dans votre vie, et de (re)devenir acteur de votre destinée en exprimant à l'aide de vos sens (la vue, les sensations et l'audition) vos désirs. Au lieu de mettre de l'énergie sur ce que vous ne voulez plus dans votre vie ou sur ce qui vous manque, vous allez commencer à changer votre état émotionnel en vous concentrant sur ce que vous désirez, que ce soit un nouvel emploi, un nouvel appartement, une voiture neuve, etc.

Je ne dis pas que cela réglera la situation par magie. Par contre, je vous garantis que cela diminuera votre inconfort et stimulera votre énergie pour passer à l'action. Car jusqu'à preuve du contraire, la solution se trouve dans l'action, ce qui implique un mouvement. Or, comment voulez-vous bouger, agir vers un mieux-être, vers la réalisation de vos désirs, si votre esprit se concentre uniquement sur ce qui ne va pas et fait défaut ?

Vous comprenez sûrement mieux que vous avez beaucoup plus à gagner en commençant par modifier votre état d'esprit pour influencer votre état émotionnel et finalement trouver l'élan nécessaire à agir. Et c'est souvent là que l'on peut bloquer. Agir, agir... Ok, c'est bien beau, je veux bien agir, mais pour faire quoi ?

Utilisez tout ce qui s'offre à vous comme un élément de votre nouvelle manière de percevoir la vie, de donner une direction neuve et stimulante à ce que vous vivez pour découvrir de nouvelles expériences. Concrètement, lorsque vous canalisez vos pensées sur vos désirs, sur ce que vous voulez vivre, et non pas sur ce que vous ne voulez plus vivre, vous allez progressivement constater que vous influencez vos émotions. Vous allez créer un autre état émotionnel qui va vous motiver à passer à l'action, car votre regard sur les évènements en sera modifié. Au lieu de percevoir des preuves que vous allez continuer à avoir ce que vous ne voulez pas, vous allez vous ouvrir à de nouvelles possibilités, de nouveaux moyens de concrétiser ce que vous désirez et percevoir des opportunités. Vous prendrez plaisir à ce processus du moment que vous acceptez de jouer le jeu et d'exprimer votre créativité, votre audace et votre inspiration. En cherchant à vous sentir comme si vous aviez déjà ce que vous désirez, vous allez entraîner votre esprit à agir de manière à provoquer des circonstances favorables à la réalisation de votre objectif. Certains appellent cela de la chance, d'autres la synchronicité, mais qu'importe. Ce qui compte, c'est de s'ouvrir à de nouvelles voies qui demeuraient inaccessibles, car vous étiez perdu dans les méandres de votre esprit effrayé ce qui vous empêche de percevoir autrement un chemin différent pour vous rapprocher de vos rêves.

En conclusion, je vous inviterai à méditer sur cette citation tirée d'un petit livre : « Le zen dans l'art chevaleresque du tir à l'arc », écrit en 1936, qui fût un best-seller pendant plus de cinquante ans. L'auteur, Herrigel, philosophe allemand, décrit le zen dans le tir à l'arc comme suit :

« L'archer cesse d'être conscient de lui-même en tant que personne appliquée à atteindre le cœur de la cible qui lui fait face. Cet état d'inconscience est obtenu uniquement quand, complètement vide et débarrassé du soi, il devient un avec l'amélioration de sa technique, bien qu'il y ait là-dedans quelque chose d'un ordre tout à fait différent qui ne peut être atteint par aucune étude progressive de l'art... ».

Tel un archer, développez votre technique en pratiquant avec plaisir une attitude mentale qui vous permettra de faire face aux aléas de la vie. Canalisez vos pensées et vos énergies vers ce que vous désirez pour mieux agir en ce sens avec une plus grande inspiration créatrice et en y apportant une dimension spirituelle !

Métaphore du voyage

d'un homme anxieux

Un expert de l'angoisse, ayant essuyé de nombreuses thérapies sans succès, subit de nombreux bombardements de pilules aux couleurs toutes plus étranges les unes que les autres et aux effets parfois pervers, offrant un monde pour le moins artificiel, souvent avec une option à vie, pour soi-disant faciliter un retour à une réalité plus naturelle. Bref, un être épuisé de lutter avec lui-même dans une recherche de bien-être, apparemment de plus en plus chimérique.

Un beau jour, ayant atteint ses limites, il tenta le tout pour le tout.

Armé de son indestructible stress et de son anxiété, il décida, pour la première fois de sa vie, de se rendre à l'autre bout du monde pour questionner les grands sages bouddhistes.

Durant tous les préparatifs de son voyage, il se soucia, plus que la raison ne l'invitait à le faire, d'anticiper les moindres détails, tous les éventuels dangers qu'il pourrait rencontrer en chemin, les problèmes de santé possibles, etc. En fait, il pensa tellement à son voyage en fonction des éventuels obstacles à éviter, qu'il en oublia de regarder les sites intéressants et les beautés que lui offrirait ce pays lointain. Ces préparatifs exigèrent toutes ses forces et son énergie, tellement il était préoccupé par des scénarios d'un futur imaginaire, souvent reliés à des souvenirs de son passé avec lesquels il établissait des liens, plus ou moins plausibles mais qui lui procuraient, somme toute, l'impression de contrôler les choses. C'est d'ailleurs à cause de ce que son grand-père lui avait raconté au sujet des terroristes aériens qu'il valait mieux éviter ce moyen de transport. Peur qui fut réveillée et renforcée, quelques années plus tard, par les spectaculaires images des attentats du 11 septembre. Il repoussa du coup tous ses rendez-vous professionnels importants, délaissa ses amis uniquement pour s'occuper de ce projet et ne pas regretter d'omettre quoi que ce soit. Ses amis lui dirent qu'il ne pouvait complètement cesser de vivre pour ce seul et unique projet mais il n'avait que faire de leurs conseils. Il voulait leur montrer, au moins une fois dans sa vie, qu'il est meilleur qu'eux, plus courageux et riche.

Le jour J arriva, enfin ou déjà, il ne le savait plus vraiment. Et c'est avec un cœur vibrant à la même intensité que la terre ne le ferait lors d'un tremblement, qu'il prit l'avion.

Durant le vol, il repensa aux dernières semaines qui s'étaient écoulées et il se félicita de cet exploit. Afin de toujours se souvenir de ce qu'il avait fait et des règles définies pour réaliser cette décision, il en vint à dresser une courte liste, qu'il intitula : « Petit manuel d'un voyage réussi ».

En voici l'essentiel :

- Chercher les problèmes pour mieux les éviter,

- Voir les choses de façon ardue,

- Toujours rester sur les mêmes chemins, les plus connus,

- Fermer les yeux quand des lumières s'allument,

- Reporter ce que j'ai à faire,

- Se juger très sévèrement et se comparer aux autres,

- Rester dans l'incompréhension des autres en conservant ses positions et points de vue.

- S'en demander encore et toujours plus,

- Et continuer de faire ce que je n'aime pas, de se forcer.

Après de nombreuses heures de vol, l'avion atterrit enfin.

L'expert anxieux, gonflé à bloc de stress, décida sans perdre une minute de parcourir le pays selon son itinéraire, à la recherche d'un de ces sages qui lui apprendrait le secret du calme.

Il parcouru des kilomètres et des kilomètres, sur des routes toutes plus cabossées les unes que les autres. Il visita les coins les plus reculés du pays, écoutant à peine la fatigue que son corps lui procurait, pour supplier un peu de repos. De toute façon, il était dans un tel état de nervosité qu'il lui était impossible de trouver le sommeil. Et il chercha, chercha, pendant les quatre semaines que durèrent son voyage mais il ne trouva aucun sage.

Déçu, épuisé, amaigri, il dû se résigner à prendre la direction de l'aéroport pour son vol de retour.

Alors qu'il parcourait les derniers mètres à pied, perdu dans son monde, il heurta un vieil homme et échappa ses bagages.

L'expert anxieux lui adressa aussitôt une pluie de colère et de reproches, tout convaincu qu'il était de son innocence. Le vieil homme demeura stoïque, attendant patiemment que le touriste enragé reprenne ses esprits, puis lui dit ceci :

« J'espère que cet incident ne vous laissera pas un mauvais souvenir de votre séjour parmi nous ?

Et le voyageur répondit : « Oh !! De toute façon, un peu plus ou un peu moins, tout mon voyage n'a été qu'une série d'incidents désagréables. »

Ce à quoi le vieil homme ajouta : « Ce qui compte dans la vie, au-delà de ce qui nous arrive, ce n'est pas ce que l'on fait mais surtout ce que l'on en retire. Ainsi, la prochaine chose que vous réaliserez dans votre vie reflétera cette nouvelle richesse ».

Le voyageur s'excusa et se dirigea vers son avion, où l'attendait un autre voyage, en songeant au petit manuel du voyage réussi qu'il avait rédigé quelques semaines plus tôt...

L'ANXIÉTÉ AU GALOP

VERS L'ENFANT CURIEUX

Toujours au galop, à courir après le temps, trop de personnes se laissent happer par leurs activités et les responsabilités qu'ils ont décidées de prendre, pour finalement se laisser prendre au piège. Le résultat est là : tout est prioritaire et passe avant vous, ce qui revient à dire que vous comptez pour du beurre.

L'irritabilité vous gagne, vous vous levez stressé et vous voyez tellement en chaque chose une urgence, qu'un contrôle quasi absolu sur votre environnement (si ce n'est pas sur les gens) s'impose afin de parvenir à relever le défi d'accomplir les « douze travaux d'Hercule » dans votre journée qui ne comportera que 24 h (heureusement pour certains !).

Une journée s'écoule ainsi, puis deux, trois... Les journées se transforment en semaines qui forment à leur tour des mois.

Quelques années à ce rythme vous permettent de devenir un expert en contrôle et vous excellez dans cette discipline. Malgré cela, la vie vous rappelle à sa manière qu'il est illusoire de croire et de vouloir tout contrôler.

Et le lâcher-prise dans tout ça ?

Un bien grand rêve pour certains, un mythe pour d'autres. Quoi qu'il en soit, si vous désirez en goûter la saveur, il convient de vous offrir le temps de le pratiquer et de vous permettre de commettre des erreurs en cours de route. Après tout, n'est-ce pas une belle manière d'apprendre ?

Est-ce parce que vous êtes un adulte que vous n'avez plus le droit de vous tromper ? Qui a dit cela au fait ?

Une de mes devises dans la vie me semble faire écho au lâcher-prise, la voici :

« La vie est à vivre avec une âme d'enfant. »

Concrètement, observez les enfants. Vous découvrirez sûrement qu'ils ont au moins deux qualités que l'adulte anxieux tend à perdre en devenant de plus en plus responsable : L'émerveillement et la curiosité.

Serait-ce deux composantes offrant l'accès à l'univers de l'absence de contrôle ? Peut-être l'enfant en vous, celui qui ne joue plus depuis un moment déjà, aura-t-il envie d'explorer ces qualités qui sommeillent en vous ?

Pour vous y aidez, voici une piste d'exploration. En dégageant votre propre manière de penser, particulièrement les idées qui alimentent votre anxiété, cherchez une contre-mesure afin de développer une autre forme de penser. Vous aiderez ainsi l'enfant qui est en vous à s'exprimer et vivre. Vous pouvez compléter le tableau suivant pour vous y aider :

L'anxieux au galop	L'enfant curieux
J'ai du contrôle sur l'avenir	La vie n'est qu'incertitude
Les choses doivent se passer comme je le veux	Je suis curieux de savoir comment ... ?
J'espère que je vais avoir cet emploi, qu'il va m'appeler ...	Je me demande si j'aurai cet emploi, s'il va m'appeler ...
Il faut que je fasse tout aujourd'hui	Je vais peut-être tout faire aujourd'hui, ou peut-être pas
Je m'inquiète de ne pas faire mon lavage	Je vais m'en soucier demain, pas aujourd'hui.
Je dois faire ...	Qui m'y oblige ?

À vous donc de compléter un tableau similaire à partir de votre propre pensée. Apprendre à lâcher prise, tout comme apprendre à contrôler, c'est une question de temps et de pratique.

Vous pouvez soit continuer à subir votre vie et vous acharnez contre les évènements, soit commencer à modifier votre manière de penser pour développer une forme d'ouverture face à l'incertitude de la vie et être curieux de découvrir comment vous pouvez profiter des surprises de la vie, des possibilités et des opportunités qu'elle vous offre tout en créant l'occasion d'apprendre quelque chose.

La vie est quand même bien faite !

Deuxième partie : Renverser la vapeur de l'anxiété

ÉCOUTER SES ANGOISSES OU SES INTUITIONS ?

La force d'une personne anxieuse est d'appréhender l'existence principalement selon son mental. Certes, ses comportements sont prédéterminés par les émotions qui l'habitent, mais ceux-ci découlent du langage cérébral sur lequel elle porte son attention et qui est le plus souvent dépourvu de rationalisme. La personne anxieuse ayant tendance à accorder trop de crédit aux pensées qui lui traversent l'esprit, elle oriente donc fréquemment sa concentration sur ses peurs et projette celles-ci sur les gens ou dans des situations comportant une grande part d'inconnu. Pourtant, l'être humain est également doté d'une sensibilité fonction de sa réceptivité. Souvent, on parlera d'intuitions. Comment expliquer ce dont il s'agit à quelqu'un l'ignorant ?

L'intuition est un mode de connaissance directement en lien avec les sens. Elle ne dépend donc pas du mental et ne relève pas de la raison. En d'autres termes, il s'agit d'une expérience vécue directement et conduisant à une connaissance dépourvue de réflexion. L'intuition n'est donc pas fonction d'une idée, mais plutôt d'une information obtenue de ce qui doit être fait. Cela apparaît comme une évidence, une certitude, une vérité.

L'intuition est donc dépourvue d'idées. Elle ne se produit pas au niveau cérébral, mais corporel, via les sens.

D'ailleurs, si vous interrogez des gens autour de vous ayant vécu ce genre d'expériences, comme des médecins, des thérapeutes, des pompiers... vous apprendrez sûrement que cela ressemble un peu à : « être au bon endroit, au bon moment, et avoir saisi cette occasion, ce moment en fait. » Alors, comment accéder à ses intuitions ?

Aussi simple que la réponse puisse paraître, elle n'en demeure pas moins se produire de manière accidentelle pour beaucoup : apprendre à s'écouter. Non pas au niveau mental, mais dans son corps. Un calme d'esprit et un vide sont donc nécessaires pour pouvoir faire directement l'expérience du langage intuitif qui nous vient, selon les courants psychologiques et philosophiques, de l'inconscient collectif ou de l'âme. Un peu ésotérique tout ça, peut-être. Et pourtant. N'avez-vous jamais vécu au moins une fois dans votre vie cela ? Peut-être par rapport à un nouveau logement, un emploi, une personne que vous avez rencontrée, une vérification inhabituelle. Les animaux vivent sans doute plus souvent que les humains ce type de sensation. N'avez-vous jamais entendu un voisin parler d'un animal de compagnie dont le comportement anormalement agité se manifestait au même moment que l'accident d'un membre de la famille ? De quoi s'agit-il si ce n'est d'une intuition ?

L'absence de confiance en ce type de perception vient bien entendu parasiter ce que vous pouvez percevoir, car une pensée émerge aussitôt dans votre esprit, venant ainsi brouiller la fréquence radio, un peu comme si vous captiez soudainement deux canaux distincts. Selon le choix que vous faites, l'espace d'un instant, vous décidez laquelle des deux vous allez écouter.

L'intuition étant par définition dépourvue de rationnel, elle peut souvent sembler un peu absurde, inhabituelle et c'est sans doute là que réside sa pertinence dans nos vies. De plus, son apparente simplicité amène le mental à ridiculiser cette perception qui lui semble trop infantile et dont l'absence de logique frustre notre côté rationnel.

Apprendre à utiliser sa conscience pour diriger celle-ci non plus vers ses pensées, mais vers ses ressentis permet apparemment d'entrer plus facilement avec cette autre dimension humaine que l'on attribue à l'hémisphère droit du cerveau.

Développer sa sensibilité favorise de toute évidence l'accès à cette manière d'appréhender la vie. Au lieu de projeter à l'extérieur de soi ce que l'on entend et voit en soi, l'intuition offre la possibilité de vivre sa vie en exprimant sa créativité par des comportements nouveaux, différents, originaux. Elle est donc un outil précieux lors de prise de décisions, dans de nouvelles situations faisant appel à sa capacité d'adaptation, lors de changements que l'on souhaite apporter dans sa vie.

L'intuition nécessite de se fier à soi, de s'aimer, de s'ouvrir à la nouveauté et de croire ce qui vient de soi au-delà des apparences. Elle est une alliée utile particulièrement là où la raison ne peut apporter de réponses à certaines questions existentielles. Tel un muscle que nous entraînons régulièrement, nos intuitions gagneront en clarté et en fréquence si nous daignons leur accorder un espace honnête en nous, exempt de doute et de jugement, et que nous osons agir vers la direction qu'elles insufflent dans nos vies.

Pour conclure, je prendrai l'exemple de la théorie des signatures (enseignée par Paracelse au XVIe siècle dans son livre de médecine), chère aux premiers herboristes qui avaient ainsi développé une connaissance intuitive des bienfaits des plantes médicinales. En s'inspirant de leurs formes pour connaître leurs actions sur l'organisme humain, uniquement par l'observation directe, les médecins de l'époque pouvaient soigner différentes pathologies en associant les formes et les couleurs des plantes aux organes humains. Par la suite, les progrès scientifiques et l'expérimentation ont permis de confirmer ces connaissances de nos ancêtres.

Ainsi, l'intérieur de la noix qui ressemble au cerveau humain lui serait bénéfique. La science a démontré que celle-ci est riche en sérotonine, neurotransmetteur essentiel au bon fonctionnement cérébral. À vous d'ouvrir vos yeux intérieurs !

Apprivoisez vos peurs

Les peurs font parties de la vie semble-t-il et chacun de nous possède son lot de craintes.

La peur de la solitude, de vivre, des autres, de soi, de réussir, d'échouer, de la maladie mentale, etc.

Combien de fois les peurs qui vous habitent se manifestent à votre insu, vous empêchant de savourer la vie, votre vie ?

Plus fortes que vous, elles prennent les commandes et font de vos journées un enfer. Des centaines de pensées, de doutes et d'idées négatives se bousculent dans votre esprit, vous commencez à trembler, vos muscles se crispent, votre respiration se fige et vous avec !

Vous êtes-vous déjà demandé comment la peur apparaît d'un point de vue physiologique ?

La peur est une émotion d'intensité variable causée par un danger réel, hypothétique, imaginaire ou par quelque chose de répugnant.

Les mécanismes corporels assurant l'équilibre interne de l'organisme ou homéostasie visent à s'adapter aux peurs en combattant le stress quotidien. Mais, en présence d'émotions intenses survient un ensemble de changements appelé syndrome général d'adaptation.

L'apparition de ce syndrome ne permet pas de maintenir l'homéostasie et produit une augmentation de la pression artérielle, du taux de glucose sanguin pour préparer l'organisme à affronter un danger.

Comme le cerveau ne fait pas de distinction entre ce qui est réel et imaginaire, il s'affole et vous prépare à réagir rapidement, d'où l'apparition des symptômes décrits plus haut. En fait, le système nerveux est stimulé par les glandes surrénales qui sécrètent des hormones dont l'adrénaline, responsable de vos symptômes !

Quelle que soit la nature de vos peurs, vous pouvez adopter différents types de comportements vis à vis d'elles qui vont influencer la production hormonale et contribuer à rétablir l'équilibre de votre organisme.

Bien souvent, il est important dans un moment d'angoisse de se rappeler que vous avez le choix !

Le choix d'accorder de l'importance à vos peurs, de leur ouvrir la porte de la salle des machines.

La panique n'est donc pas de mise. Facile à dire mais pas à faire, penserez-vous ?

Pensez d'abord à respirer ! Aussi bête que cela puisse paraître, la respiration se bloque souvent dans un moment de stress. Inspirer et expirer lentement, profondément en faisant plusieurs séries.

Prenez du recul ! Observez vos peurs comme un spectateur regarde un bon film.

Leur emprise sur votre capacité à réagir s'inscrit dans

une habitude comportementale. Vous savez ? Il s'agit du fameux : « C'est plus fort que moi ! ».

Regardez ce qui vous arrive en utilisant vos connaissances sur le fonctionnement de vos peurs et de vous-même.

Si vous souhaitez apprivoiser vos peurs, vous devez apprendre qui elles sont. Vos peurs vous font peur ? Courage... Il s'agit d'un effort de conscience.

Soyez curieux de découvrir, pour chaque peur, tout ce que vous pouvez apprendre à son sujet.

De quelle manière apparaît-elle ? Quelles sont les émotions qui la nourrissent ? Dans quels souvenirs les racines de votre peur s'enfoncent-elle ? Est-il possible que vous amplifiez l'impact de ces moments du passé dans votre présent ? Si oui, comment faites-vous cela ? Dans quel but ?

Autant de questions à vous poser pour mieux maîtriser vos peurs, vivre avec et finir par les intégrer.

Des pensées négatives aux pensées positives

Pour la plupart d'entre nous, en règle générale, quand tout va bien dans la vie, on ne se pose pas de questions. L'existence semble légère, des pensées positives et agréables nous habitent. On respire la confiance, on rayonne une forme de beauté, de santé et d'accomplissement de soi. Il y a une sorte de sérénité dans cette période, d'harmonie. La vie est aussi délicieuse que la saveur d'un fruit mûr et sucré dans lequel on voudrait mordre, encore et encore ! Un peu comme si l'été durait 12 mois par année.

En revanche, quand les choses se gâtent, que les complications, les retards, les « mauvaises surprises » font leur apparition, le calme et le bien-être ont tendance à disparaître. On s'énerve facilement, rapidement, on se fait toutes sortes d'idées, on stresse et hop, c'est assez pour perdre son bien-être, se mettre en colère, devenir frustré, etc. C'est à se demander comment on peut perdre aussi rapidement son centre ? Tout allait si bien et voilà que, le temps de le dire, cela va mal et on semble victime de la loi des séries.

Passer d'un état d'esprit positif à un autre plus négatif ne demande donc pas un gros effort en soi. Il est même aisé de glisser de l'un à l'autre, un peu comme pour un fumeur qui allume cigarette après cigarette. Par contre, aller dans le sens inverse est plus exigeant et nécessite de développer certaines qualités pour y parvenir. Cette nage à contre-courant pour remonter le fleuve des idées négatives peut trouver sa force dans la ferme conviction qu'il est d'abord possible d'éradiquer les pensées et les émotions désagréables.

Sceptique ? Réfléchissez un moment. Vous avez sûrement vécu au moins une fois dans votre vie un moment où vous n'alliez pas bien, où vous aviez juste envie de vous laisser tomber dans le puits sombre du pessimiste. Malgré tout, quelque chose ou quelqu'un est venu vous tendre la perche pour vous éviter la noyade. Vous vous êtes peut-être forcé à sortir avec des amis, à partir quelques jours ou à rire. Même si le cœur n'y était pas, vous l'avez fait et, étrangement, cela a changé le mal de place, un peu. Vous avez peut-être même ressenti un certain soulagement. Les difficultés n'ont pas disparu pour autant mais votre état intérieur s'est modifié.

Et bien le cerveau fonctionne un peu de cette manière là. En l'entraînant à cultiver des états d'esprit positifs, ceux-ci peuvent agir comme antidote aux tendances négatives qui sapent notre moral, faussent notre perception des évènements et compliquent nos relations. Plus on renforcera l'efficacité de ces antidotes et plus on sera capable d'atténuer la puissance des émotions et pensées déstabilisantes tout en réduisant leurs conséquences.

Au début, il peut être difficile d'y croire. Qu'importe ! Autorisez-vous à vous parler tous les jours de manière positive, valorisante, avec gentillesse et bienveillance et vous verrez ou plutôt, vous le ressentirez. Avec le temps, ce simple exercice s'avérera bien plus qu'une application d'un concept de pensée positive et vous commencerez à trouver des preuves.

Le coaching, tel que je le pratique, repose sur l'idée que les contrariétés et comportements inefficaces proviennent d'une perception de la réalité erronée et de conclusions faussées. Cela peut paraître superficiel mais il n'en est rien. Nombre d'études ont démontré que le fait de remplacer ces modes de pensée faussés par des idées plus réalistes agit sur le mental et le moral, diminuant ainsi l'anxiété et favorisant un mieux-être. En identifiant ces déformations de la pensée, le coach guide son client à rétablir une carte du monde plus exacte ce qui devient, en un sens, un remède aux états de pensées néfastes engendrant de la souffrance. Par exemple, pour une personne anxieuse, c'est une inquiétude démesurée, des peurs et des idées pessimistes, fatalistes qui sous tendent le mal-être. Les évènements sont souvent perçus en termes de « tout ou rien » et de généralisation excessive. Ainsi, une erreur ou un examen raté amèneront l'anxieux à se dire qu'il n'est qu'un bon à rien ou qu'il ne réussira jamais dans la vie. On retrouve aussi souvent une vision sélective du quotidien conduisant l'anxieux, dans sa journée, à ne garder en mémoire que les mauvaises choses qui se sont produites et à ignorer, parfois totalement, les bonnes choses.

Le coach, par son expertise entraîne et encourage l'anxieux à développer sa vigilance face à ses propres pensées négatives. De cette manière, la personne anxieuse apprend à traiter ses pensées anxiogènes comme un virus, à mieux maîtriser son apparition spontanée et à corriger activement ses perceptions dénaturées, de toutes les manières appropriées, au travers d'outils concrets et d'exercices.

Du pessimisme à l'optimisme

Cela ne sera sûrement pas une grande découverte si j'affirme que le changement est inévitable et qu'il est même une des caractéristiques fondamentales de la vie. Au-delà de la vitesse à laquelle certains changements surviennent, laissant croire parfois que le temps s'accélère depuis quelques années, il existe les changements désirés et ceux, qui semblent nous tomber dessus à notre insu. Je m'attarderai davantage sur ces derniers, car qui se plaindrait qu'un changement désiré se concrétise dans sa vie ?

Un événement inattendu possède souvent au moment de sa découverte une saveur remplie de perplexité, d'appréhension et de peurs qui peuvent surgir face à la perspective d'un avenir incertain, insécurisant et anxiogène. Or, l'apparition de cette anxiété, si elle est canalisée correctement dès sa naissance, favorisera un recul nécessaire pour amorcer un regard différent sur la situation en évolution. La clé de cette disposition étant d'abord d'accepter que ce qui est ne sera plus, dans quelques temps, et va offrir un espace de création, d'amélioration et d'opportunités qui est encore à concrétiser. Mais la potentialité d'amélioration est bel et bien là.

S'ouvrir à la réalité de ce changement qui survient dans sa vie contre son gré n'exige aucunement, même si c'est souvent la tendance première, de faire le lien avec un manque, l'insécurité ou la perte d'une qualité de vie. Bien au contraire, il est nettement plus pertinent pour tourner la situation à son avantage avec une certaine aisance, de se rappeler qu'il y a aussi des avantages à ce que cette transformation se produise. Telle cette femme qui apprend son futur licenciement alors qu'elle maudit son emploi quotidiennement, son premier élan sera sûrement de s'inquiéter pour son avenir, le paiement de son loyer... ou bien, elle pourra en acceptant la réalité de cette évolution qui s'offre à elle, chercher les possibilités de s'adapter et de se libérer d'une situation insatisfaisante pour se diriger vers un autre palier, plus épanouissant.

L'avenir encore flou qui se profile à l'horizon exige certes d'être affiné pour pouvoir se réaliser avec une certaine fluidité, mais c'est là le premier pas : chercher à tourner la situation à son avantage pour s'en servir comme d'un levier et avancer.

L'optimisme est sans doute la meilleure arme dans ce genre de contexte et repose sur une confiance en soi, et en la vie, puisées dans un état de sécurité, de foi en ses propres capacités d'adaptation que tout se déroule exactement de la manière qui convient, celle qui est la meilleure pour soi, même si l'on ignore le grand dessein qui se trame en arrière plan de ce scénario.

Demeurer optimiste dans une situation de changement non désiré ne signifie pas rester assis à ne rien faire et attendre bien gentiment que tout se remette en ordre tout seul. Il s'agit plutôt de s'interroger sur la manière de profiter de la situation pour réaliser une percée dans sa vie et tendre vers un bonheur plus grand. En fait, l'optimiste, en puisant dans cette conviction intérieure que le fleuve de la vie le conduit à bon port va pouvoir se libérer plus facilement des soucis de la vie matérielle et s'interroger réellement sur le meilleur sens possible à donner à tout changement indésirable. Réfléchissez à ceci un instant, voulez-vous ?

Dressez la liste des trois derniers changements non souhaités dans votre vie ? Autrement dit, de ce qui vous a paru être des « échecs ». N'est-il rien ressorti de positif et de meilleur dans votre vie suite à ces trois étapes marquantes ? Peut-être que vos plus grandes épreuves vous amèneront à vos plus grandes réalisations ?

Vous remarquerez sûrement, grâce à la lumière de vos expériences de vie, qu'au-delà des nuits blanches que vous avez pu passer, les scénarios négatifs que vous engendrez mentalement lors de nouvelles que vous avez perçues comme mauvaises, n'ont finalement contribué qu'à rendre le changement encore plus difficile à accepter et désagréable. Pourtant, avec du recul, était-ce si négatif ?

Très souvent, il n'en est rien. De ce constat, l'optimiste authentique peut trouver la force de demeurer maître de ses pensées et d'appréhender l'événement surprise pour surfer dessus et suivre le courant, tout en réajustant sa destination et parfois l'itinéraire envisagé.

En somme, l'optimiste puise dans les difficultés passées de son existence, la sagesse qu'il aura beaucoup plus à gagner de se rappeler qu'il peut tirer quelque chose de grand vis à vis de ce qui se présente dans sa vie. Souvent même, au fond de lui, il a souhaité d'une certaine manière, que cela se produise, comme cette femme qui rêvait secrètement de ne plus exercer cet emploi qu'elle déteste tant.

Aux yeux de l'éternel optimiste, chaque événement inattendu est considéré comme un nouveau défi offrant la possibilité d'affirmer sa confiance en la vie, en soi et de découvrir de nouvelles ressources intérieures à l'état latent pour en dégager une meilleure connaissance de ses vérités propres. L'évolution vers ce que vous êtes appelé réellement à exprimer sera ainsi en marche et vous pourrez trouver votre équilibre dans le labyrinthe de la vie.

La vie :

Une aventure à vivre
avec une âme d'enfant

Malgré toutes les études, les connaissances, l'aménagement d'un territoire se voulant rassurant, confortable, aussi éclairé que le jour lui-même au point d'en perdre de vue les étoiles, malgré toutes les assurances possibles et imaginables en passant de l'assurance spéciale pour le covoiturage ou pour faire de la plongée jusqu'à celle pour la santé des animaux de compagnie, le flot de l'existence demeure un mystère à vivre. Est-ce que tout ceci est motivé par les peurs qui nous habitent ? Avons-nous au très profond de notre intérieur la sournoise sensation que nous sommes si petit et fragile qu'il nous faut nous protéger de la vie, de vivre ? À moins que nous ayons si peur d'exprimer le potentiel qui sommeille en chacun de nous, que nous préférions vivre comme des animaux tapis dans leurs cavernes ?

Quoi qu'il en soit, les peurs font partie de la vie et deux attitudes peuvent en découler : vivre sous leur emprise ou cultiver ce que j'appelle une âme d'enfant. Souvenez-vous lorsque plus jeune, vous étiez curieux de découvrir et émerveillé à l'idée de faire du vélo, d'apprivoiser la joie et le plaisir de commencer à conduire assis sur les genoux d'un de vos parents. Aviez-vous peur ? Ou regardiez-vous cette nouvelle aventure avec des yeux neufs, brillants et remplis du désir de savourer cette expérience, de goûter les pensées et sensations qu'elle engendre en vous ? Telle une page blanche, vous acceptiez de prendre la plume pour écrire ce nouveau chapitre de votre vie, sans trop savoir comment cela se déroulerait mais avec la certitude que vous vouliez vivre ce moment, que vous pouviez apprendre. N'est-ce pas cette certitude qui éveille en nous nos forces et nous permet même, parfois, de les repousser au-delà des limites que nous avions imaginées ?

Nous faisons des choix dans la vie dont découlent des résultats, des conséquences que nous mémorisons et qui nous laissent des sensations, des convictions, une image de nous-même et des autres, etc. Plus ces résultats se reproduisent dans notre vie, plus les empreintes qui en découlent se renforcent. Lorsqu'on mémorise une réussite, tout est pour le mieux mais si on mémorise un échec, alors c'est souvent là que les difficultés commencent. Est-ce à dire qu'il en sera toujours ainsi ? Pas sûr. Cela signifie d'abord et avant tout qu'il y a quelque chose que nous n'avons pas encore compris et que nous pouvons faire différemment. Tel un enfant, celui que vous avez été et qui sommeille encore en vous, décidez de jouer au jeu de la vie. Soyez bon joueur en acceptant de passer par des cases inconnues. Amusez-vous autant que possible si vous repassez parfois par les mêmes étapes. Peut-être avez-vous voulu aller trop vite ? À moins que vous ayez encore à préciser davantage ce que vous désirez ? Quoi qu'il en soit, ces étapes de vie offrent la possibilité de pratiquer et d'améliorer ce en quoi vous êtes déjà bon, tout en vous permettant d'apprendre dans des domaines où vous êtes encore novice. Et qui sait, peut-être même que vous serez surpris de découvrir que vous avez un talent pour cela !

En devenant adulte, on dirait qu'il faut tout savoir et tout bien faire. Qui plus est, du premier coup ! Voyons, est-ce réaliste ? Penser ainsi est utile si votre priorité est le résultat. Mais si vous ne l'obtenez pas, la déception sera au rendez-vous. Or, il est aussi possible d'avoir du plaisir avant de parvenir au résultat, en portant davantage votre regard sur ce que vous faites maintenant, dans l'instant présent et sur la satisfaction éprouvée déjà en vous permettant de vivre ce moment, de faire quelque chose de nouveau. Peu importe que cela fonctionne bien immédiatement ou pas. Après tout, c'est avec patience et persévérance que vous parviendrez à vous améliorer, en découvrant une manière qui vous convient et que vous aimez, afin de tendre vers le résultat souhaité. Souvent, le jugement de soi est vite prononcé : « Ah ! ! ! Je suis nul, un bon vrai bon à rien et puis de toute façon, je n'y arriverai jamais. » Bravo, vous venez de créer le sentiment d'échec et de décider, en pensant cela, qu'il en sera toujours ainsi. Vous utilisez votre mémoire pour faire de cette expérience un mauvais souvenir au lieu de vous demandez, par exemple : « Comment puis-je faire cela autrement ? Est-ce que j'ai bien pris tous les renseignements dont j'ai besoin ? » Le défi est donc de s'accepter tel que l'on est. Accepter d'apprendre, de s'offrir le temps nécessaire pour y parvenir, de se parler avec tendresse, calme et gentillesse, tout en s'encourageant, vous aideront sûrement à cultiver votre âme d'enfant car vous ferez mieux la prochaine fois !

TROISIÈME PARTIE : DE LA PARALYSIE À L'ACTION

LA PEUR DE L'ENGAGEMENT :

COMMENT SE MOTIVER À PASSER À L'ACTION ?

Une personne méfiante sera inévitablement portée à percevoir des motifs justifiant son attitude, alors que c'est justement cette dernière qui favorise l'apparition de zones d'ombre.

Or, la seule et unique chose sur laquelle nous pouvons vraiment exercer notre maîtrise, ce n'est pas sur les gens ou les évènements, mais bel et bien la disposition mentale avec laquelle nous abordons ce que nous vivons.

Quel que soit l'engagement que vous affirmez, que ce soit professionnel, familial, amical, amoureux, communautaire... soyez attentif aux pensées qui jaillissent dans votre esprit pour ne garder, dans votre cœur, que celles qui vont alimenter émotionnellement, et de manière favorable, chacune de vos paroles et de vos actions. Vous allez renforcer votre conviction et la confiance en votre capacité à aller encore mieux, à réussir ce que vous désirez concrétiser. C'est peut-être cela, d'ailleurs l'engagement ultime à manifester dans la vie de tous les jours : quoi qu'il arrive, je peux conserver la maîtrise de mes pensées pour choisir le sens et l'issue que prendra chaque situation, aussi difficile soit-elle !

Filtrer les pensées limitantes que vous prenez trop au sérieux afin de ne croire que celles qui sont affirmatives, positives et stimulantes pour favoriser le passage à l'action. Pour les doutes, s'ils ont une utilité, alors il en découlera certains comportements préventifs. Sinon, leur inutilité est une conclusion suffisante pour les chasser de votre esprit, comme on chasse du revers de la main une poussière sur un vêtement.

Combien de temps gaspillez-vous à nourrir des idées et scénarios pessimistes, qui ne se produiront peut-être jamais (sauf si vous continuez à croire que c'est ce qui va se produire !), et qui ont le bénéfice de vous paralyser avant même de poser le premier pas ? Trop souvent, on s'écoute de manière démesurée, laissant ainsi la porte ouverte aux inquiétudes paralysantes.

Affirmer haut et fort, à chaque occasion qui s'offre à vous, la maxime suivante : « je peux ce que je veux ! » Même si vous n'y croyez pas complètement, et ce sera sûrement le cas au début, vous ne faites qu'utiliser un processus d'intégration du cerveau pour reprogrammer celui-ci afin de modifier votre attitude et d'adopter des nouveaux comportements. Et ensuite, vous vous engagez volontairement à agir, comme si la peur n'était plus là, et en assumant que vous êtes capable de faire ce que vous voulez ! Et peu importe, dans un premier temps, que vous atteigniez votre objectif ou non, car ce qui est primordial, c'est de développer son courage à oser des situations nouvelles, à avancer et donc à affronter ses appréhensions. En ce sens, chaque confrontation avec vos peurs sera déjà en soi un succès, celui du capitaine qui tient ferme son gouvernail malgré la tempête !

Parfois, certains éprouvent de la difficulté à se détacher des pensées limitantes. Que ce soit parce que vous voyez les difficultés grosses comme une montagne, ou que vous ayez l'impression de vous heurter à un mur, vous êtes de toute évidence trop associé à la manière dont vous vous représentez votre défi. Dissociez-vous de cette représentation néfaste, comme si vous regardiez un film devant la télévision et avec la télécommande, modifiez les images. Peut-être allez-vous mettre plus de lumière, de couleurs, éloigner l'image, la mettre en noir et blanc ou ajouter une musique amusante.

Quoi que vous fassiez, transformer les représentations négatives des situations qui vous préoccupent vous aidera grandement à vous motiver à passer l'action.

Essayez et vous verrez, ou plutôt vous sentirez la différence !

Vous pourriez tout aussi bien vous fabriquer une nouvelle image, très attrayante, de ce que vous désirez et que vous substituerez à votre représentation limitante, à chaque fois que cette dernière se présentera dans votre esprit. Et avec la pratique, cela finira par devenir votre manière d'envisager votre vie, tout en renforçant votre capacité d'action et votre confiance.

QUITTER SA ZONE DE CONFORT

Dernièrement, une des personnes que je coache a souhaité explorer sa difficulté à quitter sa zone de confort. Découragée, fatiguée, elle ne parvient pas à prendre certaines décisions pour apporter des changements dans sa vie, faute d'être certaine de pouvoir maîtriser les imprévus qui pourraient surgir, en supposant qu'ils se produisent effectivement. Bref, elle est épuisée d'avancer d'un pas et de reculer de deux.

Avancer, reculer, s'arrêter, faire demi-tour, changer de direction, etc. À mes yeux, toutes ces attitudes ne sont que la manifestation, l'expression du désir de grandir. Or, grandir se fait rarement de façon fluide, linéaire. Au contraire, la vie, dés sa forme la plus élémentaire, nous rappelle que nous grandissons par poussée. Par une série d'à-coups, nous parvenons à passer d'un stade à un autre. Parfois, cela se fait subtilement, à notre insu et nous changeons petit à petit d'autres fois, cela se fait davantage sentir, comme pour nous faire savoir qu'un changement plus visible arrive. La difficulté que cette évolution peut engendrer, loin de vouloir nous décourager trouve tout son sens dans son utilité à justement nous permettre d'évoluer. Tel un nouvel abonné au club de gym qui va transpirer et connaître certaines courbatures en faisant travailler des muscles qu'il utilise peu, quitter sa zone de confort implique une pratique parfois douloureuse visant à créer le renforcement. C'est en gardant une vision à long terme des bénéfices recherchés que l'entraînement prend toute sa valeur. Mais si le sportif s'attend déjà après sa première séance de musculation à voir son corps changer, il sera certainement déçu. Cet entraînement est bien plus qu'une simple répétition de mouvements identiques, il fait partie du processus d'apprentissage.

Apprendre à grandir équivaut souvent à développer sa capacité d'adaptation face aux nouvelles situations que nous vivons. Bien que certaines d'entre elles soient parfois effrayantes, elles nous offrent malgré tout la très riche opportunité de grandir en cultivant notre flexibilité. Savoir s'adapter, c'est s'offrir de multiples choix d'agir, de faire et d'être, en fonction des circonstances. Et nous avons tous, à des degrés divers, cette capacité d'adaptation en nous. Aussi, dans notre quotidien, nous pourrions alimenter un certain goût pour faire au moins une nouvelle chose ou faire la même chose mais d'une manière différente. C'est en entrant ainsi dans la découverte qu'offre l'inconnu que l'on peut arrêter de vivre en mode « pilotage automatique » et que l'on entre dans le moment présent. Parfois, il peut s'agir simplement de prendre un itinéraire différent le soir pour rentrer à la maison, d'acheter un aliment que vous ne savez pas cuisiner, de parler à une personne à qui vous ne parleriez pas d'habitude. Il s'agit donc de cesser de fonctionner comme un robot pour (re)devenir des êtres plus créatifs, à quelque niveau que ce soit.

Bref, c'est en prenant l'habitude de faire ce que vous n'avez pas l'habitude de faire que vous cultiverez votre aisance à sortir de votre zone de confort. C'est en commençant à apprendre à naviguer sur une mer calme que vous serez plus à l'aise de manier votre barque en pleine tempête !

Souvent, chez une personne anxieuse, c'est cette capacité à naviguer en mer inconnue qui est en sommeil, bloquée, brimée. L'attitude d'évitement face aux nouvelles situations génère de l'anxiété qui paralyse la faculté à être plus créatif. D'une certaine manière, se libérer de l'anxiété, c'est reconquérir sa liberté d'agir.

Pour ce mois, je vous invite à cultiver votre capacité à élargir votre zone de confort par une question et un adage :

- Qu'allez-vous faire de nouveau ou différemment aujourd'hui ?

- Tourner votre regard dans une autre direction pour un moment peut devenir votre vie pour les dix prochaines années.

LA MOTIVATION AU CHANGEMENT

Réaliser des changements dans sa vie n'est pas nécessairement confortable. Que ce soit un changement géographique, d'emploi, de style de vie, la motivation est un élément primordial pour amorcer une transition.

Le besoin de changer des aspects de son existence s'exprime, chez certaines personnes de manière subtile, floue, parfois intuitivement. Tandis que pour d'autres, cette envie est plus évidente et se caractérise par un état émotionnel particulièrement clair, intense, comme des crises d'angoisse, un burn-out, une dépression, une grande tristesse, etc. D'une manière générale, cela arrive rarement du jour au lendemain. Il y a d'abord des signes qui deviennent, avec le temps, de plus en plus évidents s'ils ne sont pas pris en compte rapidement.

Quoi qu'il en soit, réaliser un problème actuel et définir un changement satisfaisant nécessite certains ingrédients qui vont servir de levier à votre motivation. Ainsi, c'est en exprimant le désir de changer, en vous sentant capable de l'accomplir et en étant prêt à le réaliser que vous parviendrez à amorcer une transition entre votre situation actuelle et votre idéal.

L'importance que vous accordez aux changements désirés est liée à votre motivation. Plus vous désirez quelque chose, plus vous allez vous en donner les moyens. Mais alors, qu'est-ce qui fait que, parfois, le changement désiré ne s'opère pas ?

Avoir envie de changer est une chose mais cela ne suffit pas toujours. En effet, il est essentiel de croire en soi, en sa capacité à réaliser les changements désirés pour adopter les pensées et les comportements qui vous y conduiront. Si la confiance dont vous avez besoin vous fait défaut, vous risquez alors de modifier votre manière de penser plutôt que votre comportement pour diminuer votre inconfort. Or, agir ainsi revient à diminuer votre motivation à concrétiser votre idéal, à diminuer le sens que vous pouvez donner à votre existence, sans compter les barrières que vous allez ainsi installer dans votre quotidien. Réaliser des changements dans sa vie implique aussi de savoir s'adapter, d'accepter de faire du ménage pour permettre à la nouveauté de rentrer, d'apprécier l'incertitude de la vie et d'y voir des opportunités à saisir... Il n'est pas rare de résister à cela, pour toutes sortes de raisons. Cette résistance se manifeste souvent par un : « oui mais... ». Vous l'avez sûrement déjà entendu ?

Lever la résistance à apporter des changements, c'est cela l'art du coach. Il guide la personne désireuse d'améliorer sa vie à prendre conscience de ce qui suscite en lui des résistances, à réduire la distance qui le sépare de la réalisation de ses rêves, à accepter l'incertitude tout en lui permettant de fortifier sa confiance, de développer une manière de penser adéquate à ses objectifs ainsi que les capacités dont il a besoin pour y parvenir. La résistance au changement se transforme progressivement en créativité, en excitation, en motivation. À vous de choisir le guide qui vous convient pour accomplir cette alchimie.

CANALISER SES DÉSIRS
POUR MIEUX RÉUSSIR

Aux yeux de nombreuses religions, le désir est synonyme d'égoïsme, de malheur et de souffrance. Pourtant, il indique le plus souvent un élément important à son épanouissement, fonction de sa nature et des motivations profondes qui le sous-tendent.

En soi, le désir est une émotion facile à percevoir et qui crée un lien avec une personne, une situation particulière que l'on souhaite voir se réaliser ou l'obtention de quelque chose de précis (voiture, appartement, voyage, vêtements, etc.).

La réalisation de nos désirs s'accompagne souvent d'émotions agréables dont la joie, l'excitation, le calme, la gratification, la satisfaction...

Mais, la non-réalisation de nos désirs suscite des états émotionnels opposés et ouvre chez beaucoup la voie à l'impatience, la frustration, la dévalorisation de soi. Comment passer de l'un à l'autre ?

En réalité, lorsque vous ressentez un désir, celui-ci correspond à ce que vous aimeriez voir se produire dans votre vie et évoque une certaine représentation de ce que vous souhaitez vivre. Que ce soit sous forme d'images, de sons ou de sensations, votre esprit possède la capacité d'imaginer le plaisir que vous pouvez éprouver à la réalisation de votre désir. Et c'est ce processus cognitif qui est fort motivant à utiliser consciemment pour mieux canaliser vos énergies créatrices et faciliter la réalisation de vos désirs.

En effet, le cerveau ne faisant pas la distinction entre la réalité et le rêve, il est tout à fait possible d'amplifier son désir en s'accordant la permission de visualiser son désir réalisé, comme si vous le viviez dans l'instant présent et que vous en obteniez tous les bénéfices maintenant. Grâce à ce « coup de bluff », vous allez considérablement accroître votre capacité à agir dans la direction de votre désir. Cette orientation mentale va aussi favoriser l'apparition d'opportunités visant à vous faciliter la tâche, du moment, bien sûr, que vous gardez fermement ancré en vous la certitude que quoi qu'il arrive, chaque événement peut être perçu dans son aspect positif et contribuer ainsi à définir le chemin vous conduisant vers la réalisation de votre désir. En d'autres termes, il est plus important et aidant d'orienter votre regard, vos pensées et vos actions vers votre but, même si vous ignorez exactement la route à suivre pour parvenir à celui-ci. Cette manifestation de votre confiance en la réalisation de votre désir devient alors la clé ouvrant la porte à une série de synchronicités qui va fortifier vos actions et accélérer ainsi le processus enclenché.

En agissant dans cet état d'esprit, à chaque fois que

vous prenez plaisir à avancer d'un pas, vous stimulez également la représentation mentale de la réalisation de votre désir tout autant que votre confiance et votre capacité à passer à l'action. Ainsi, vous agissez avec davantage d'inspiration, de légèreté, de confiance, de conviction et de sérénité. Agir comme si tout ce que vous faites, dites et pensez contribue à ce que votre désir devienne réel ne laissera aucune place aux doutes et aux peurs. Loin d'être impatient, vous serez convaincu que vous parviendrez à vos fins et que le temps est un allié qui travaille en votre faveur.

Ce renforcement continu de votre désir deviendra progressivement le moteur de votre recherche de satisfaction et de l'évolution de votre épanouissement. Alors, quel va être le prochain pas que vous allez poser ?

LA VISUALISATION CRÉATRICE

Dernièrement, une cliente me partageait sa difficulté à visualiser ou, en d'autres termes, à se faire des représentations sensorielles de ce qu'elle désire. Elle prenait conscience tout en pratiquant cette approche, qu'elle oriente davantage ses pensées sur ce qu'elle ne désire pas dans sa vie, d'où sa difficulté.

Trop souvent, on s'imagine que visualiser, c'est voir des images dans sa tête comme on les regarde à la télévision. En fait, l'art de la visualisation est beaucoup plus, selon moi, un espace créateur que l'on se réserve pour nourrir et renforcer des désirs de bonheur et de bien-être, sous différentes formes, propre à chacun. Cela permet de quitter un temps son schéma habituel de pensée et d'en favoriser un nouveau, plus stimulant et incitatif pour passer à l'action. D'ailleurs, il n'est pas rare de constater que certaines situations deviennent pesantes à vivre car l'action fait défaut. Or, ce n'est pas parce que l'on ignore comment traverser une tempête que l'on doit perdre de vue le port ! Dans ce sens, la visualisation permet de prendre du recul vis à vis des étapes du processus de réalisation d'un objectif et d'observer plus simplement sa concrétisation au travers de son imaginaire. Et juste ça, cela fait déjà du bien et commence à mobiliser nos capacités. Et puisque le cerveau ne fait pas la différence entre la réalité et l'imaginaire, pourquoi se priver d'une pratique bénéfique ?

À partir du moment où vous vous permettez de faire partie intégrante de votre visualisation et d'en être vraiment l'acteur principal, cette forme de participation va nourrir émotionnellement la scène que vous imaginez dans votre esprit tout en créant un lien intime avec vous, facilitant ainsi sa concrétisation. La visualisation est en fait un exercice d'imagerie mentale stimulant tous nos sens. Cet outil visant à augmenter la motivation et la confiance à atteindre quelque chose dans sa vie par des efforts plus concrets nous amène à nous sentir plus responsables de notre vie que coupables ou fatalistes par rapport à ce nous arrive.

Le blocage à visualiser provient plus souvent de l'exigence de certaines personnes à créer des images mentales bien plus complexes que nécessaires alors que des représentations fixes, en 2D, ou entendre ses visualisation plus que ne les voir conviennent tout autant, du moment que vous ressentez ce que vous visualisez. À chacun sa manière de visualiser !

En y pensant bien, presque tout le monde visualise, en rêvant à son prochain voyage de vacances, en envisageant la nouvelle décoration intérieure, en élaborant un projet, etc.

La visualisation créatrice est l'utilisation consciente et dirigée d'une habileté naturelle du cerveau humain pour faciliter et stimuler des engagements. C'est l'intensité émotionnelle que vous associez à votre visualisation qui lui donne sa force. Elle se pratique aussi bien le matin, au réveil, en pensant à comment on souhaite que sa journée se déroule, qu'à ce qu'on souhaite acquérir dans la vie.

La visualisation est un moyen facile et efficace de donner de l'énergie à ses désirs en vue de leur réalisation. Parfois, la difficulté à visualiser quelque chose peut provenir du fait que notre désir relève davantage d'une envie plus ou moins égoïste que d'un besoin sincère et profitable aussi pour autrui. Aussi, pour s'assurer d'une visualisation créatrice efficace, il peut être avantageux de préciser certains critères des résultats que vous désirez concrétiser :

1. Votre visualisation est le reflet de ce dont vous avez besoin et que vous voulez sincèrement. Il convient de préciser clairement ce que vous désirez vraiment.

2. Elle respecte autrui et aura un impact positif dans sa vie comme dans la vôtre. Autrement dit, votre désir ne relève pas uniquement d'une quête de gratification personnelle.

3. Elle suscite un état émotionnel particulier qui vous sert de levier pour passer à l'action et agir en accord avec ce sur quoi vous orientez vos pensées, jusqu'à leur réalisation.

À ceux et celles qui éprouvent encore de la résistance avec cette manière de canaliser ses pensées, je vous propose de prendre appui sur une citation d'Einstein qui m'inspire particulièrement dans des moments plus délicats (à vous de trouver celle qui vous soutiendra efficacement) :

« L'imagination est plus importante que la connaissance. La connaissance est limitée alors que l'imagination englobe le monde entier, stimule le progrès, suscite l'évolution. »

Atteindre ses objectifs

Vous avez sûrement remarqué que certaines personnes semblent avancer dans leur vie en ligne droite et atteindre leur cible à tout coup tandis que d'autres y parviennent plus difficilement ou plus rarement. C'est comme si au lieu d'avancer, ils faisaient du surplace ou pire encore : marche arrière ! Comment expliquer ces distinctions comportementales ?

Plutôt que de chercher la réponse à la question suivante qu'une cliente me posait : « pourquoi avons-nous si peur de réaliser nos désirs ? », je lui ai proposé d'explorer des solutions possibles lui permettant de rester orientée vers son objectif et les nouveaux comportements qu'elle pourrait adopter. Pour y parvenir avec succès, il est bien entendu essentiel de définir en tout premier, de manière réaliste, en utilisant ses cinq sens, une représentation attirante, concrète et respectueuse de soi et des autres, en vue de mobiliser toutes les capacités qui sommeillent en soi (pour plus de détails, consulter la chronique : la visualisation créatrice). Cela vous servira grandement à progresser vers ce que vous souhaitez vivre, mais pas seulement à cela.

En effet, déjà, en partant, vous pouvez prendre conscience de résistances intérieures, souvent inconscientes, qui se manifestent sous forme de croyances limitantes, périmées pour la plupart et qui, loin de vous servir, vont ligoter votre motivation à passer à l'action. Ainsi, si vous croyez nécessairement que la réalisation de votre projet va vous demander beaucoup d'efforts et que vous justifiez vos difficultés à l'atteindre par vos précédentes tentatives infructueuses, vous transformez le caillou en montagne. Cessez de dresser ce mur à l'extérieur de vous en vous ouvrant intérieurement à la possibilité que cela puisse être relativement facile et encore possible. L'idée est de modifier le regard que vous portez sur ce que vous voulez, car vous ne pouvez générer des solutions en utilisant les mêmes perceptions que celles qui vous empêchent d'atteindre votre but. Notez bien que j'utilise le verbe vouloir et non, il faut, je dois... qui n'ont d'autres avantages que de vous mettre une pression génératrice d'anxiété et de paralyser votre créativité. Si vous désirez réellement quelque chose, c'est sûrement pour en retirer un certain plaisir. Non seulement une fois l'objectif atteint, mais surtout et d'abord en avançant vers lui, au-delà du résultat. Sinon, comment pouvez-vous rester motivé et trouver l'énergie nécessaire d'évoluer ?

Un autre élément important pour se faciliter la démarche consiste à ne pas limiter les bénéfices escomptés et à les élargir à ceux et celles qui vont aussi en profiter autour de vous. C'est un peu le même principe que l'idée évoquée lorsqu'on parle de la partie invisible de l'iceberg. Rendre autant que possible cette portion consciente stimulera votre volonté et votre détermination à passer à l'action. Vous ne le faites pas juste pour vous, mais pour autrui également. Ne serait-ce que de par l'inspiration que vous pouvez insuffler à quelqu'un d'autre, l'atteinte de votre objectif peut influencer, encourager, inspirer vos proches et vous nourrir en retour. La nouvelle personne que vous êtes en devenir aura sans l'ombre d'un doute, un impact dans son environnement. Cela peut contribuer à renforcer votre motivation.

Instaurer un système d'auto-gratification, afin de gonfler sa fierté et son enthousiasme servira de balises à d'éventuelles rechutes. Parce que vous êtes dans un processus d'apprentissage, il est tout à fait logique que certaines anciennes habitudes ou des préjugés refassent surface dans des moments de doute, de fatigue. Trouver une manière de vous rappeler vos réussites et des progrès accomplis vous aidera à avancer. Après tout, bien que le premier pas puisse être difficile à poser, il peut être tout aussi confrontant d'aller à nouveau de l'avant lorsque vous avez l'impression de régresser. Gardez la tête hors de l'eau ! L'autre avantage est que cela vous aidera à ne pas vous trouver de fausses excuses en écoutant trop vos peurs qui peuvent tenter de vous maintenir dans vos vieilles habitudes. Dans quel but ?

Et bien, car même si elles sont inconfortables, elles vous sont familières. Tandis que la réalisation de ce que vous désirez vous amène à entrer dans l'inconnu, ce qui semble encore plus désagréable pour beaucoup, notamment par crainte de perdre ce que vous avez acquis. Cela implique d'accepter qu'une partie de soi, que certaines habitudes vont disparaître. En d'autres termes, qu'il y a une « mort » du connu pour renaître à la nouveauté, pour s'actualiser dans une nouvelle identité que l'on pressent en soi, mais dont on appréhende encore les répercussions dans sa vie. Et cela fait peur, c'est déstabilisant, ne serait-ce car cela évoque de près ou de loin la destination finale de la vie humaine : la mort.

Quoi que vous décidiez, soyez-en pleinement conscient. Vous vous épargnerez le fardeau de la culpabilité/victimisation engendrée par une exigence excessive envers soi.

Un dernier bonus, je l'espère en tout cas, est la notion d'acceptation.

Lorsque vous désirez réaliser un rêve, acceptez ce qui est, autant que vous le pouvez. Acceptez peut-être que pour le moment, votre situation n'est pas ce que vous désirez. Reconnaissez que vous êtes comme ceci ou comme cela, que vous avez ce défaut ou cette mauvaise habitude, acceptez cette ombre qui vous hante, car c'est en elle que se trouve la lumière. Par exemple, acceptez d'avoir la pensée d'apaiser vos émotions par la nourriture, vous aurez posé : « Le Premier Pas », le plus difficile à mon sens, vers un changement qui s'avérera une solution ou son ébauche. Au lieu de lutter contre vous-même, de vous épuiser, vous commencerez en accueillant ce qui est, à reprendre le contrôle de la machine, de vos capacités, et il sera plus facile de les mettre à profit pour vous épanouir.

Acceptez que certaines peurs puissent se réaliser peut

aussi aider à un certain lâcher-prise. Après tout, est-il vraiment utile de vivre dans l'anxiété de perdre un bien matériel ? Si tel est le cas, c'est que cela ne vous appartient peut-être pas vraiment et qu'il s'agit plutôt d'une illusion. À vous d'être honnête pour vraiment cerner ce qu'il en est.

Agir avec congruence

Pour mieux s'épanouir

Les récentes découvertes en physique quantique trouvent de nouvelles applications dans le domaine du développement personnel conduisant à des prises de conscience susceptibles de préciser une attitude de vie plus éclairée. La loi d'attraction, la loi d'abondance en sont des exemples, et tentent de dégager des stratégies comportementales d'épanouissement personnel.

Que l'on n'y croit ou non, il demeure intéressant de constater une évolution fondamentale de la vision de la place de l'homme au sein de l'univers.

En effet, il n'y a pas si longtemps encore, l'individu se définissait comme étant « victime » de forces supérieures à sa volonté et tributaire du bon vouloir des Dieux. Certains évènements de la vie apparaissaient alors comme une fatalité, une punition ou une bénédiction dont les causes et parfois la signification ne pouvaient être accessibles au commun des mortels que nous sommes.

Avec le déclin des religions, cette forme de spiritualité a perdu du terrain au profit d'une nouvelle philosophie de vie plaçant cette fois-ci l'être humain au rôle d'acteur et donc, de créateur de sa vie. Loin d'être séparé d'une « source supérieure ou divine » comme beaucoup la nomme, il se retrouve maintenant confronté à la possibilité d'être lui-même l'artiste des œuvres ou des croûtes qu'il crée dans sa vie.

Le postulat principal étant que notre vie et les évènements extérieurs sont le reflet de ce qui est en nous, et particulièrement de nos pensées, nous obtenons par conséquent ce que nous créons mentalement, consciemment ou pas. Mais alors, comment se fait-il que beaucoup ne vivent pas la vie qu'il désire ?

Au-delà des épreuves existentielles destinées sûrement à nous forger certains traits de caractère, toute la question de l'attitude se pose. Après tout, il est facile de clamer que je produis ce que je pense et ressens en moi. Mais il est plus intéressant, à mon avis, de savoir ce que je veux et comment l'obtenir, afin de développer une continuité des idées aux actions de manière à affirmer ce que je prétends vouloir.

Certains se demanderont peut-être alors : comment trouver la juste attitude lorsque j'ignore quelle direction prendre ? Loin d'être le fond du problème, cette question n'a pas sa place dans la recherche d'une attitude tendant vers le bonheur, simplement car elle provient de la peur de ne pas trouver la réponse ! Le minimum étant de s'engager consciemment à tendre vers le bonheur, même si sa forme n'est pas encore claire dans son esprit.

Aussi, quel que soit l'endroit où vous en êtes rendu

dans votre vie, que vous sachiez ou non ce que vous désirez accomplir, il est tout à fait possible d'affirmer et de nourrir la volonté de trouver votre vocation et de l'accomplir. Cela implique d'aligner tout son être vers cette recherche, de se donner pour règle de conduite de ne dire et faire que ce qui est réellement en harmonie avec son bonheur et qui reflète ses vérités. Combien de gens prétendent à certains engagements, sans réellement être prêts à faire ce qu'il faut pour honorer leurs paroles ? Les attentes ainsi créées, aussi bien envers autrui que soi-même agissent tel un poison diminuant la conviction du but visé, sa réalisation et la confiance qui en découle. Le passage du plaisir au déplaisir se fait le temps de le dire. Le sabotage vers une vie plus heureuse est amorcé et c'est comme si la tête, le cœur et les tripes ne sont plus alignés. Prenons un exemple, une voiture conduite par trois personnes différentes :

L'une d'elle choisit sa route en fonction de ce qu'elle pense être le meilleur chemin, tandis que la deuxième personne choisie de ne rien écouter et conduit en fonction de ce qu'elle ressent. Elle se dirige au grès de la circulation, de la signalisation et des travaux ou du paysage, faisant des détours et se perdant en cours de route. La troisième personne se retrouve tiraillée entre les deux premières et ne sait plus adapter sa vitesse aux deux autres personnes. Elle finit par aborder un virage à 90 degrés à 120 km/heure, espérant que la vitesse lui fera oublier le désordre intérieur. L'accident est garanti !

Or, en tant que conducteur averti, nous savons tous

qu'il est préférable de rouler à une vitesse avec laquelle on se sent confortable et qui respecte l'itinéraire choisi initialement, ayant le plaisir à chaque kilomètre parcouru de se rapprocher de la destination tout en appréciant le trajet. Alors, la prochaine fois que vous souhaitez aller quelque part, pourquoi ne pas vous demander si vous adoptez la juste attitude pour y parvenir ?

Que diriez-vous pour le retour du printemps, de tenter l'exercice suivant : Choisissez une destination attrayante et importante à vos yeux, puis définissez un objectif qui vous tient à cœur et assurez-vous de penser et d'agir dans ce sens. Et demandez-vous, régulièrement, un peu comme à chaque passage au poste de péage sur l'autoroute en Europe :

Comment vous sentez-vous à chaque fois que vous avancez dans cette direction ?

Que se passe-t-il qui vous confirme que vous êtes sur la bonne voie ?

Que faites-vous en cas de difficultés ou lorsque vous quittez la route ?

OUTILS SUPPLÉMENTAIRES

Mes articles gratuits : Retrouvez régulièrement mes chroniques sur mon site web : http://pnlcoachingdevie.com/blog/

Mes vidéos et audios gratuits : Vous désirez mieux comprendre ce qu'est l'anxiété, son mécanisme et comment parvenir à la réduire ? Consultez les fichiers vidéos et audios explicatifs : http://pnlcoachingdevie.com/videos/

Mes livres en librairie :

« L'anxiété, comment s'en sortir », Best-seller publié aux éditions Le Dauphin Blanc. *Pour lire le résumé du livre :* http://pnlcoachingdevie.com/lanxiete-comment-sen-sortir/ *Pour consulter la table des matières :* http://pnlcoachingdevie.com/table-des-matieres-lanxiete-comment-sen-sortir/

L'art de lâcher prise, Best-seller publié aux éditions Le Dauphin Blanc. Pour lire le résumé : http://pnlcoachingdevie.com/lart-de-lacher-prise/

Pour vous procurez mes livres : en librairies au Québec et en Europe, ou sur mon site web.

Mes services de coaching : Vous souhaitez aller plus loin dans la résolution de vos troubles anxieux ? Consultez les services de coaching de libération de l'anxiété, en personne ou par Skype, en cliquant sur le lien suivant : http://pnlcoachingdevie.com/coaching-therapie-vaincre-lanxiete/